escola - សាលារៀន   2
viatge - ការធ្វើដំណើរ   5
transport - ការដឹកជញ្ជូន   8
ciutat - ទីក្រុង   10
paisatge - ទេសភាព   14
restaurant - ភោជនីយដ្ឋាន   17
supermercat - ផ្សារទំនើប   20
begudes - ភេសជ្ជៈ   22
menjar - អាហារ   23
granja - កសិដ្ឋាន   27
casa - ផ្ទះ   31
sala d'estar - បន្ទប់ទទួលភ្ញៀវ   33
cuina - ផ្ទះបាយ   35
bany - បន្ទប់ទឹក   38
cambra de nen - បន្ទប់របស់កុមារ   42
roba - សម្លៀកបំពាក់   44
oficina - ការិយាល័យ   49
economia - សេដ្ឋកិច្ច   51
oficis - មុខរបរ   53
eines - ឧបករណ៍   56
instrument de música - ឧបករណ៍តន្ត្រី   57
zoo - សួនសត្វ   59
esports - កីឡា   62
activitats - សកម្មភាពនានា   63
família - ក្រុមគ្រួសារ   67
cos - រាងកាយ   68
hospital - មន្ទីរពេទ្យ   72
urgència - សង្គ្រោះបន្ទាន់   76
terra - ផែនដី   77
rellotge - នាឡិកា   79
setmana - សប្តាហ៍   80
any - ឆ្នាំ   81
formes - រាង   83
colors - ពណ៌   84
oposats - ផ្ទុយគ្នា   85
nombres - លេខ   88
llengües - ភាសា   90
qui / què / com - នរណា / អ្វី / របៀប   91
on - កន្លែង   92

AF205433

Impressum
Verlag: BABADADA GmbH, Nedderfeld 112 , 22529 Hamburg
Geschäftsführer / Verlagsleitung: Harald Hof
Druck: Books on Demand GmbH, In de Tarpen 42, 22848 Norderstedt

Imprint
Publisher: BABADADA GmbH, Nedderfeld 112 , 22529 Hamburg, Germany
Managing Director / Publishing direction: Harald Hof
Print: Books on Demand GmbH, In de Tarpen 42, 22848 Norderstedt

dividir
ចែក

186/2

tauler
ក្ដារ

classe
បន្ទប់រៀន

professor
គ្រូបង្រៀន

paper
ក្រដាស

escriure
សរសេរ

estilogràfica
ប៊ិក

escriptori
តុការិយាល័យ

regle
បន្ទាត់

llibre
សៀវភៅ
ពៅ

estudiant
កូនសិស្ស

bossa
សម្ពធសៀតសួបកែ

estoig
ប្ររអប់ដាក់ខ្មៅដៃ

llapis
ខ្មៅដៃ

maquineta de fer punta
ប្ររដាប់ខ្លួងខ្មៅដៃ

goma
ជ័រលុប

bloc de dibuix
ផ្ទាំងគំនូរ

dibuix

គំនូរ

pinzell

ជក់គូរ

capsa de pintures

ប្រអប់ថ្នាំលាប

tisores

កន្ត្រៃ

cola

ការបិទ

quadern d'exercicis

សៀវភៅលំហាត់

deures

កិច្ចការផ្ទះ

12

nombre

លេខ

2+2

afegir

បូក

5-2

sostreure

ដក

2×2

multiplicar

គុណ

calcular

គណនា

A

lletra

លិខិត

ABCDEFG HIJKLMN OPQRSTU VWXYZ

alfabet

អក្ខរក្រម

hello

mot

ពាក្យ

text

អត្ថបទ

llegir

អាន

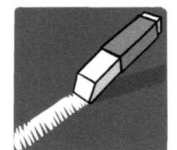

guix

ដីស

lliçó

មេរៀន

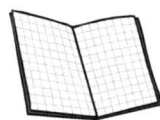

llibre de classe

ចុះឈ្មោះ

examen

ការប្រលង

certificat

វិញ្ញាបនបត្រ

uniforme escolar

ឯកសណ្ឋានសាលា

formació

ការអប់រំ

enciclopèdia

សព្វវចនាធិប្បាយ

universitat

សាកលវិទ្យាល័យ

microscopi

មីក្រូទស្សន៍

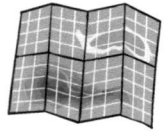

mapa

ផែនទី

paperera

កន្ត្រករងាក់សំរាមក្រដាស

hotel
សណ្ឋាគារ

alberg
សណ្ឋាគារកុមរ៉ង

oficina de canvi
ការិយាល័យប្តូរប្រាក់

maleta
វ៉ាលី

automòbil
រថយន្ដ

llengua

ភាសា

sí / no

បាទ / ទេ

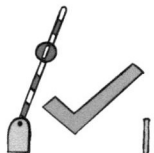

D'acord

យល់ព្រម

Ey!

សាយ៉ុនតស្សុគី!

traductora

អ្នកបកប្រែ

gràcies

សូមអរគុណ

Quant costa... ?

ចូលប៉ុន្មាន... ?

No entenc

ខ្ញុំមិនយល់

problema

បញ្ហា

Bona nit!

ទិវាសួស្តី!

bon dia!

អរុណសួស្តី

bona nit!

រាត្រីសួស្ដី!

fins aviat

លាហើយ

direcció

ទិសដៅ

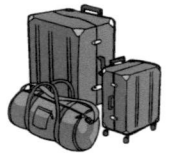

bagatge

អីវ៉ាន់

bossa

កាបូប

sarrona

កាបូបស្ពាយក្រោយ

convidat

ភ្ញៀវ

cambra

បន្ទប់

sac de dormir

ថង់ដេក

tenda

តង់

oficina de turisme
ព័ត៌មានទេសចរណ៍

platja
ឆ្នេរ

carta de crèdit
កាតឥណទាន

esmorzar
អាហារពេលព្រឹក

dinar
អាហារថ្ងៃត្រង់

sopar
អាហារពេលល្ងាច

bitllet
សំបុត្រ

ascensor
ជណ្ដើរយន្ត

segell
តែម

frontera
ព្រំដែន

duana
គយ

ambaixada
ស្ថានទូត

visat
ទិដ្ឋាការ

passaport
លិខិតឆ្លងដែន

ការដឹកជញ្ជូន

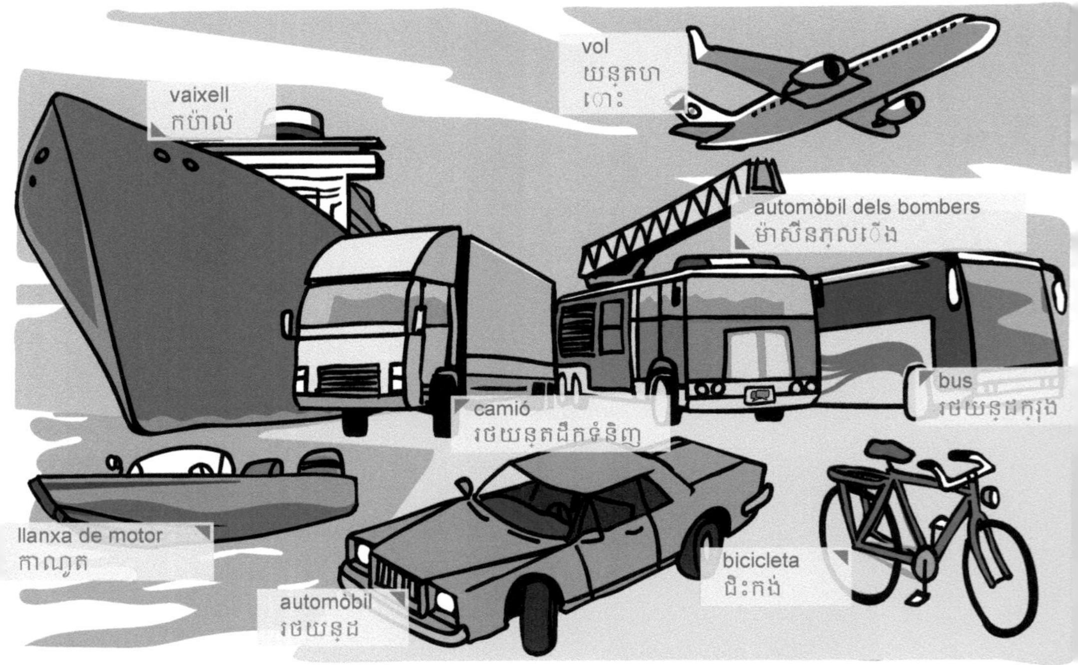

vol
យន្តហោះ
vaixell
កប៉ាល់
automòbil dels bombers
ម៉ាស៊ីនភ្លើង
camió
រថយន្តដឹកទំនិញ
bus
រថយន្តក្រុង
llanxa de motor
កាណូត
automòbil
រថយន្ត
bicicleta
ជិះកង់

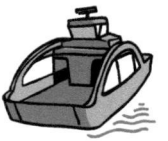

transbordador

សាឡាង

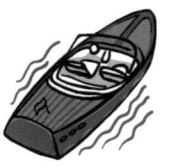

barca

ទូក

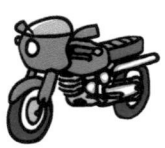

moto

ម៉ូតូ

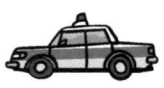

automòbil de policia

រថយន្តប៉ូលិស

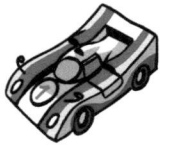

automòbil de curses

រថយន្តប្រណាំង

automòbil de lloguer

រថយន្តជួល

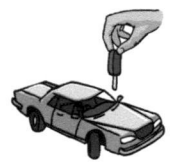

vehicle compartit

ការចែកវែលចែករថយន្ត

grua

ឡានសូទូច

camió de les escombraries

ឡានបុម្មូលសំរាម

motor

ម៉ូតូ

benzina

ប្រេងឥន្ធនៈ

benzineria

សុថានីយបុរេង

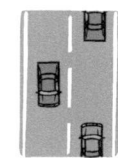

senyal de trànsit

សុលាកសញ្ញាចរាចរណ៍

trànsit

ការធ្វេរើចរាចរណ៍

embús

កកសុទៈចរាចរណ៍

aparcament

ចំណត

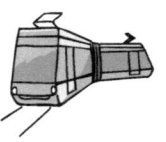

estació de trens

សុថានីយរថភ្លើង

vies

ផ្លូវដែក

tren

រថភ្លើង

tramvia

រថអគ្គីសនី

vagó

ទូរថភ្លើង

helicòpter

ឧទ្ធម្ភាគចក្រ

aeroport

ពុរលានយន្តហោះ

torre

ប៉ម

passatger

អ្នកដំណើរ

contenidor

កុងតឺន័រ

capsa de cartó

ក្រដាសកាតុង

carretó

រទេះ

cistella

កញ្ចប់

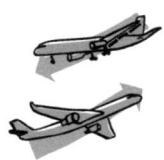

enlairar-se / aterrar

ហោះឡ្បើង / ចុះ

ទីក្រុង

poble

ភូមិ

centre de la ciutat

កណ្តាលទីក្រុង

casa

ផ្ទះ

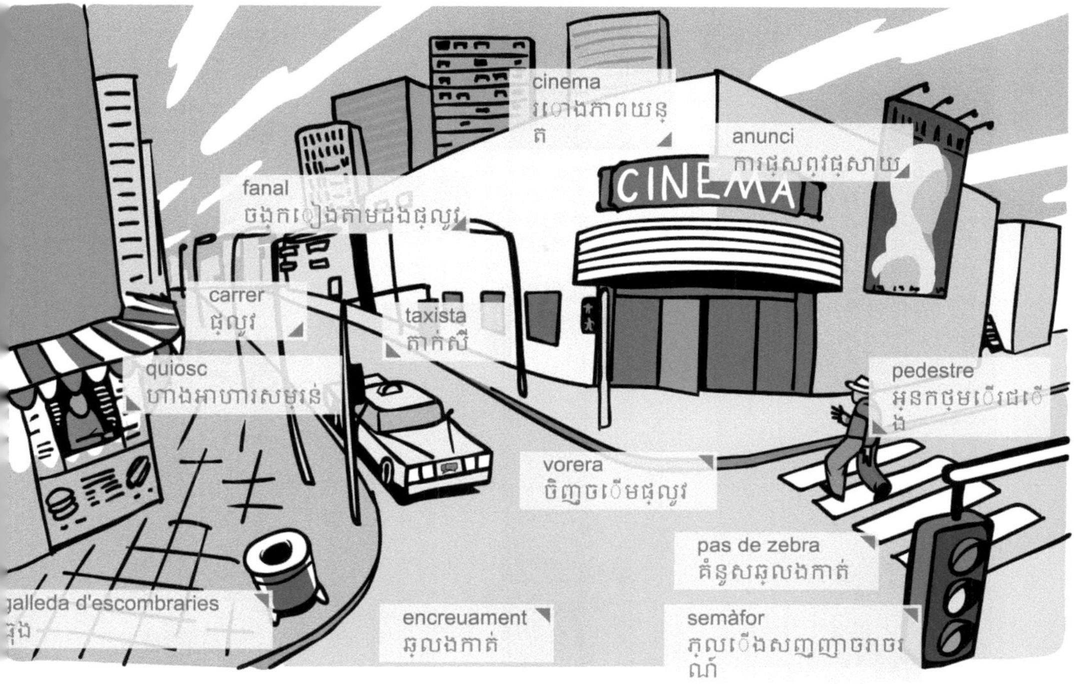

cinema
រោងភាពយន្ត

anunci
ការផ្សព្វផ្សាយ

fanal
ចង្កៀងតាមដងផ្លូវ

CINEMA

carrer
ផ្លូវ

taxista
តាក់ស៊ី

pedestre
អ្នកថ្មើរជើង

quiosc
ហាងអាហារសម្រន់

vorera
ចិញ្ចើមផ្លូវ

pas de zebra
គំនូសឆ្លងកាត់

galleda d'escombraries
ធុង

encreuament
ផ្លូងកាត់

semàfor
គោលភ្លើងសញ្ញាចរាចរណ៍

cabana

ខ្ទម

apartament

ផ្ទះលេវែ

estació de trens

ស្ថានីយរថភ្លើង

casa de la vila-ciutat

សាលាក្រុង

museu

សារមន្ទីរ

escola

សាលារៀន

universitat

សាកលវិទ្យាល័យ

banca

ធនាគារ

hospital

មន្ទីរពេទ្យ

hotel

សណ្ឋាគារ

farmàcia

ឱសថស្ថាន

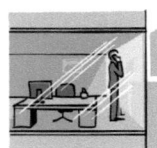

oficina

ការិយាល័យ

llibreria

ហាងលក់សៀវភៅ

botiga

ហាង

floristeria

ហាងផ្កា

supermercat

ផ្សារទំនើប

mercat

ទីផ្សារ

gran magatzem

ហាងទំនិញ

peixateria

ហាងលក់ត្រី

centre comercial

មជ្ឈមណ្ឌលផ្សារទំនើប

port

កំពង់ផែ

parc

ឧទ្យាន

banc

បង្គុំ

pont

ស្ពាន

escala

ជណ្តើរចើរ

metro

ផ្លូវរក្រោមដី

túnel

ផ្លូវរូងក្រោមដី

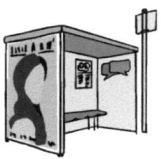

parada d'autobús

ចំណតរថយន្តក្នុងក្រុង

bar

ហារ

restaurant

ភោជនីយដ្ឋាន

bústia de correu

ប្រអប់សំបុត្រ

senyal indicador

សញ្ញាតាមដងផ្លូវ

parquímetre

ឧបករណ៍បូមួលចូលថ្លៃចំណត

zoo

សួនសត្វ

piscina

អាងហាលែទឹក

mesquita

វិហារអ៊ីស្លាម

granja
កសិដ្ឋាន

pol·lució
ការបំពុល

cementiri
វាលកប់ខ្មោច

església
ពុទ្ធវិហារ

parc infantil
គ្រឿងវិសិលកុមងេលង

temple
បុរសាទ

ទេសភាព

fulla
សុលឹក

cartell indicador
សញ្ញាមុរាប់ទិសដៅ

camí
ផ្លូវ

prat
វាលស្មៅ
ទៅ

pedra
ដុំថ្ម

arbre
ដេើ
ឈ

excursionista
អ្នកឡ្បរវេងភ្នំ

riu
ទន្លេ

gespa
ស្មៅ

flor
ផ្កា

vall

ជ្រលងភ្នំ

muntanya

កូនភ្នំ

llac

បឹង

bosc

ព្រៃឈើ

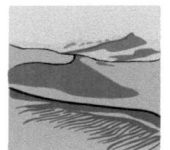

desert

វាលខ្សាច់

volcà

ភ្នំភ្លើង

castell

គេហោក្របី

arc de Sant Martí

ឥន្ទធនូ

bolet

ផ្សិត

palmera

ដើមត្នោត

moscard

មូស

mosca

រុយ

formiga

ស្រមោច

abella

សត្វឃ្មុំ

aranya

ពីងពាង

escarabat

សត្វកញ្ចៃ

granota

កង្កែប

esquirol

កំប្រុក

eriçó

សត្វកាំបុរមា

llebre

ទន្សាយស្លឹក

òliba

សត្វទីទុយ

ocell

បក្សី

cigne

ហង្ស

senglar

ជ្រូក

cervo

សត្វក្តាន់

ant

សត្វក្តដាន់

presa

ទំនប់

turbina

កង្ហារខ្យល់

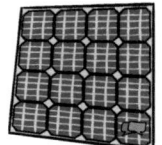

panell solar

បន្ទះស្ងុរ្យា

clima

អាកាសធាតុ

ភោជនីយដ្ឋាន

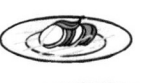

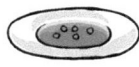

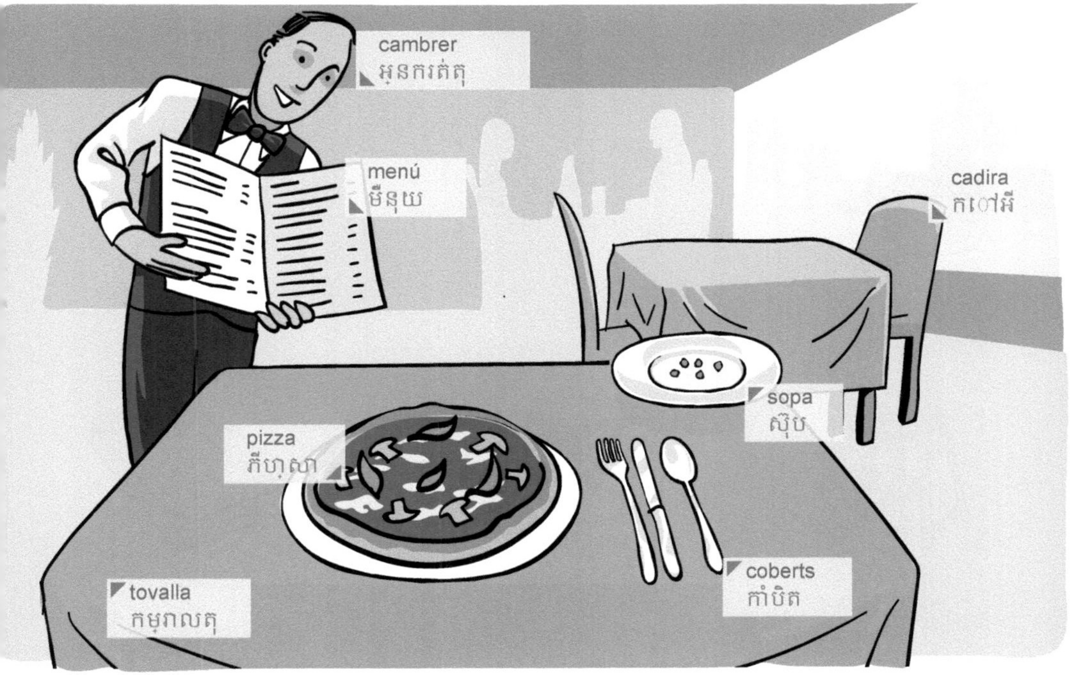
cambrer
អ្នករត់តុ
menú
មីនុយ
cadira
កៅអី
sopa
ស៊ុប
pizza
ភីហ្សា
coberts
កាំបិត
tovalla
កម្រាលតុ

primer plat

អាហារសម្រន់

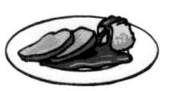

plat principal

អាហារសំខាន់

darreries

បង្អែម

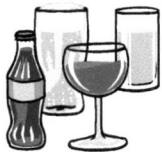

begudes

ភេសជ្ជៈ

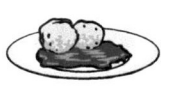

menjar

អាហារ

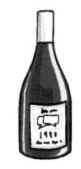

ampolla

ដប

menjar ràpid

អាហាររហ័ស

menjar de carrer

អាហារតាមផ្លូវ

tetera

ប៉ាន់តែ

sucrer

បូរអប់ស្ករ

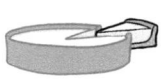

porció

ចំណិតែ

màquina d'espresso

ម៉ាស៊ីនតុងកាហ្វេអ៊ិចស្ព្រេស្ស្ស

trona

កៅអ៊ីខ្ពស់

factura

វិក្កយបត្រ

plata

ថាស

ganivet

កាំបិត

forqueta

សម

cullera

ស្លាបព្រា

cullereta

ស្លាបព្រាកាហ្វេ

tovalló

កន្សែងជូតខ្លួន

got

កវ

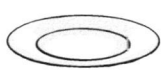

plat
ចានទាប

plat de sopa
ចានស៊ុប

plateret
ចានទូរនាប់

salsa
ទឹកជ្រលក់

saler
ដបអំបិល

molinet de pebre
បុរដាប់កិនម្រេច

vinagre
ទឹកខ្មេះ

oli
ប្រេង

espècies
គ្រឿងទេស

quètxup
ទឹកប៉េងប៉ោះ

mostassa
ម៉ូតាក

maionesa
ទឹកមយ៉ោណេ

ផ្សារទំនើប

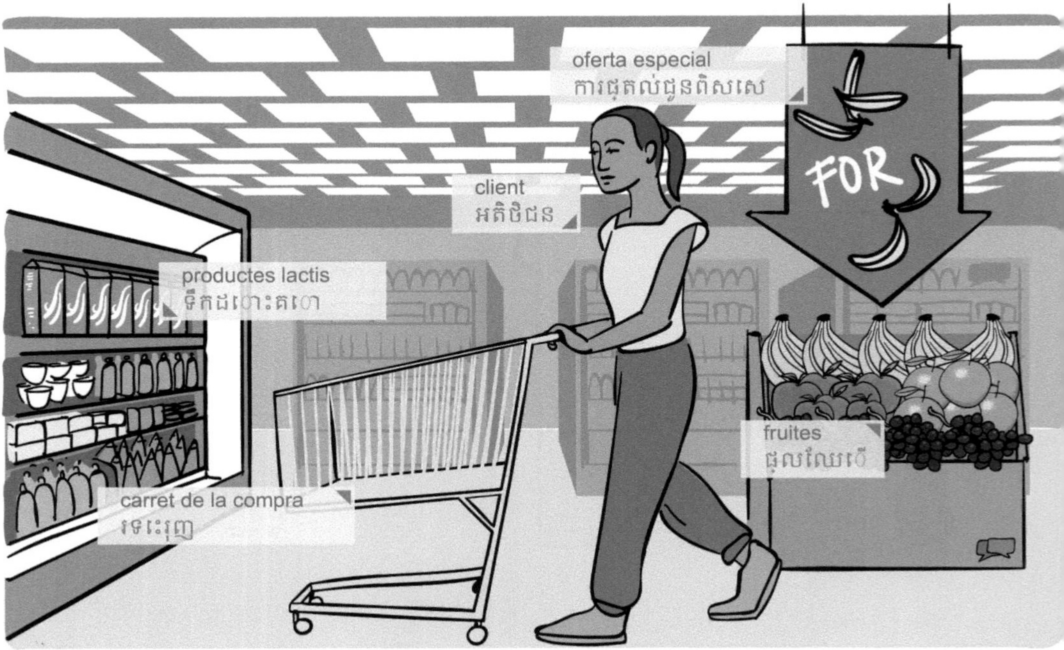

oferta especial
ការផ្តល់ជូនពិសេស
FOR
client
អតិថិជន
productes lactis
ទឹកដោះគោ
fruites
ផ្លែឈើ
carret de la compra
រទេះរុញ

BUTCHERS

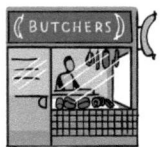

carnisseria

ហាងកាប់ជ្រូក

BAKERY

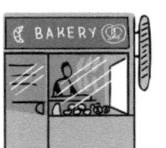

forn de pa

ហាងដុតនំ

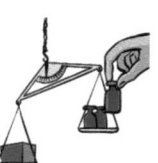

pesar

ថ្លឹង

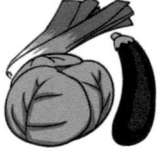

verdures

បន្លែ

carn

សាច់

menjar congelat

អាហារក្កឈាស្សេ

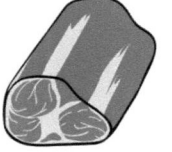

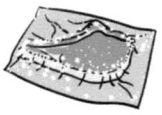

carn freda
សាច់ក្លាសេរ

conserves
អាហារកំប៉ុង

detergent en pols
មុសរៅលោង

dolços
សុអរគ្រោប់

articles domèstics
ផលិតផលក្នុងគ្រួសារ

productes de neteja
ផលិតផលសម្អាត

venedora
អ្នកលក់

caixa registradora
ថតដាក់លុយ

caixera
បេឡា

llista de la compra
បញ្ជីទិញទំនិញ

horari d'obertura
ម៉ោងធ្វើការ

portamonedes
កាបូបលុយបុរស

carta de crèdit
កាតឥណទាន

bossa
ថង់

bossa de plàstic
ថង់បុលាស្ទិច

aigua

ទឹក

suc

ទឹកផ្លែឈើ

llet

ទឹកដោះគោ

coca-cola

កូកាកូឡា

vi

ស្រា

cervesa

ស្រាបៀរ

alcohol

គ្រឿងស្រវឹង

cacau

កាការ

te

តែ

cafè

កាហ្វេ

espresso

កាហ្វេអេិចស្ព្រេស្សូ

cappuccino

កាហ្វេកាពូឈីណូ

banana

ចេក

poma

ផ្លែប៉ោម

taronja

ផ្លែក្រូច

síndria

ឪឡឹក

llimona

ក្រូចឆ្មា

pastanaga

ការ៉ុត

all

ខ្ទឹម

bambú

ប្អសុី

ceba

ខ្ទឹមហូឡាំង

bolet

ផ្សិត

avellanes

គ្រាប់ផ្លែឈើ

fideus

មី

espaguetis

ម៉ីអ៊ីតាលី

arròs

បាយ

amanida

សាឡាត់

patates fregides

ដំឡូងចៀន

patates fregides

ដំឡូងចៀន

pizza

ភីហ្សា

hamburguesa

ប៊ឺហ្គឺ

entrepà

សាំងវិច

escalopa

សាច់ជាប់ឆ្អឹងជំនី

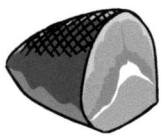

cuixot

ហាំ

salami

សាឡាមី

salsitxa

សាច់ក្រក

pollastre

សាច់មាន់

rostit

អាំង

peix

ត្រី

flocs de civada

អាវ៉ែនបបរ

musli

មុយ៉ីស្លី

cereals

ដំឡូងចំណិត

farina

មុសរោ

croissant

នំគ្រួសង់

panet

នំបុ័ងមុយ៉ាងមូលគួចៗ

pa

នំបុ័ង

torrada

អាំង

bescuits

នំប៉ីស្គី

mantega

បឺរ

mató

ទឹកដោះខាប់

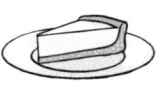

pastís

នំខេក

ou

ស៊ុត

ou fregit

ស៊ុតចៀន

formatge

ឈីស

gelat

ការ៉េម

sucre

ស្ករ

mel

ទឹកឃ្មុំ

melmelada

ដំណាប់

crema de xocolata

ក្រែមតាំងម៉ូវ៉

curri

ការ៉ី

granja
ផ្ទះក្នុងកសិដ្ឋហាន

graner
ជង្រុក

bala de palla
ខ្សចែងចម្បរើង

camp
វាលស្រវ

cavall
សេះ

remolc
រថសណ្ដុជ
ពោង

poltre
កូនសសេហ

tractor
តុរាក់ទ័រ

ase
សត្វលា

xai
កូនចរៀម

ovella
សត្វចរៀម

cabra
ពពែ

vaca
គេហាញ្ញី

vedella
កូនគេហ

porc
ជ្រូក

garrí
កូនជ្រូក

bou
គេហាឈ្មមហាល

granja - កសិដ្ឋហាន

27

oca

សត្វក្ងាន

ànec

ទា

poll

កូនមាន់

gall

មមោន់

gallina

មាន់ឈ្មោល

rata

កណ្តុរ

gat

ឆ្មា

ratolí

កណ្តុរប្រមៈ

bou

គោឈ្មោល

gos

ឆ្កែ

gossera

ផ្ទះឆ្កែ

mànega de regar

ទុយោទឹក

regadora

ធុងស្រោចទឹក

dalla

ខ្វែបក

arada

នង្គ័ល

falç

កណ្ដៀវ

aixada

ចបកាប់

forca

នាស់

destral

ពូថៅ

carretó

រទេះរុញ

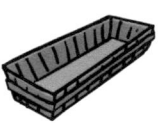

abeurador

ស្នូក

lletera

កំប៉ុងទឹកដោះគោ

sac

ហារ

tanca

របង

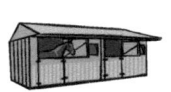

establa

កូរគោល

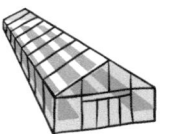

hivernacle

ផ្ទះកញ្ចក់

sòl

ដី

llavor

គ្រាប់ពូជ

adob

ជី

collidora

ម៉ាស៊ីនច្រូតមួលផល

collir

បុរមួលផល

collita

ការបុរមួលផល

nyam

ដំឡូងជុវ

blat

សូវរសាលី

soja

សណ្ដែកសេរ៉ៀង

patata

ដំឡូងផ្លុវ

blat de moro o d'indi

ពេ្ោត

colza

គុរាប់បុរងេវៃបេ

arbre fruiter

ដេើមឈេើហ្ាបផុលវៃ

mandioca

ដំឡូងម៉ិ

cereals

ឆញ្ញជាតិ

fumera
បំពង់ផ្សែងដែ

teulada
ដំបូល

canaló
ទរបង្ហូរទឹក

finestra
បង្អួច

garatge
ហ្គារ៉ាស

campana
កណ្ដឹងទ្វារ

porta
ទ្វារ

galleda de les escombraries
ធុងសំរាម

bústia de correu
ប្រអប់សំបុត្រ

jardí
សួនច្បារ

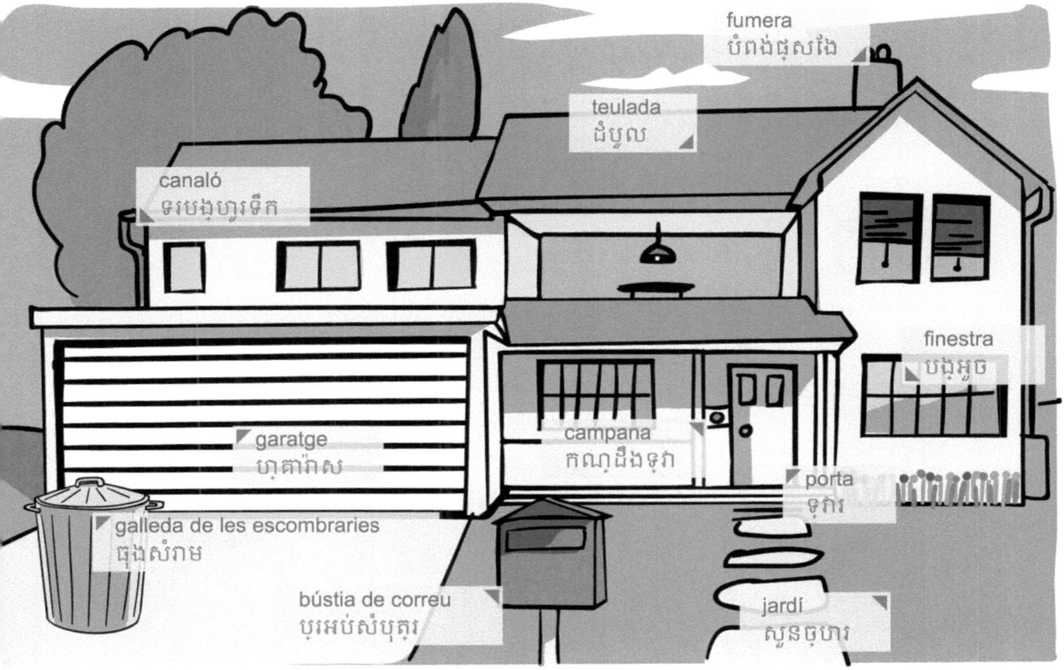

sala d'estar
បន្ទប់ទទួលភ្ញៀវ

bany
បន្ទប់ទឹក

cuina
ផ្ទះបាយ

cambra de dormir
បន្ទប់គេង

cambra de nen
បន្ទប់របស់កុមារ

menjador
បន្ទប់ទទួលទានអាហារ

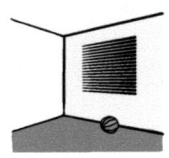

sòl

ជាន់

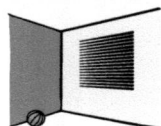

paret

ជញ្ជាំង

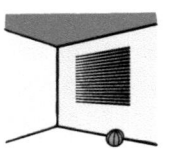

sostre

ពិដាន

soterrani

បន្ទប់ក្រោមដី

sauna

ស្សូណា

balcó

យ៉រ

terrassa

ផ្ទៃវាលបុសុមខ្ញើនទៅជម្រាលភ្នំ

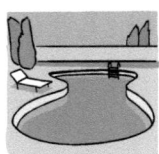

piscina

អាងហាលែទឹក

tallagespa

ម៉ាស៊ីនកាត់ស្មៅទៅ

vànova

សន្លឹក

cobrellit

កម្រាលគ្របដែគេ

llit

គ្រែ

escombra

អំបោស

galleda

ធុង

interruptor

កុងតាក់

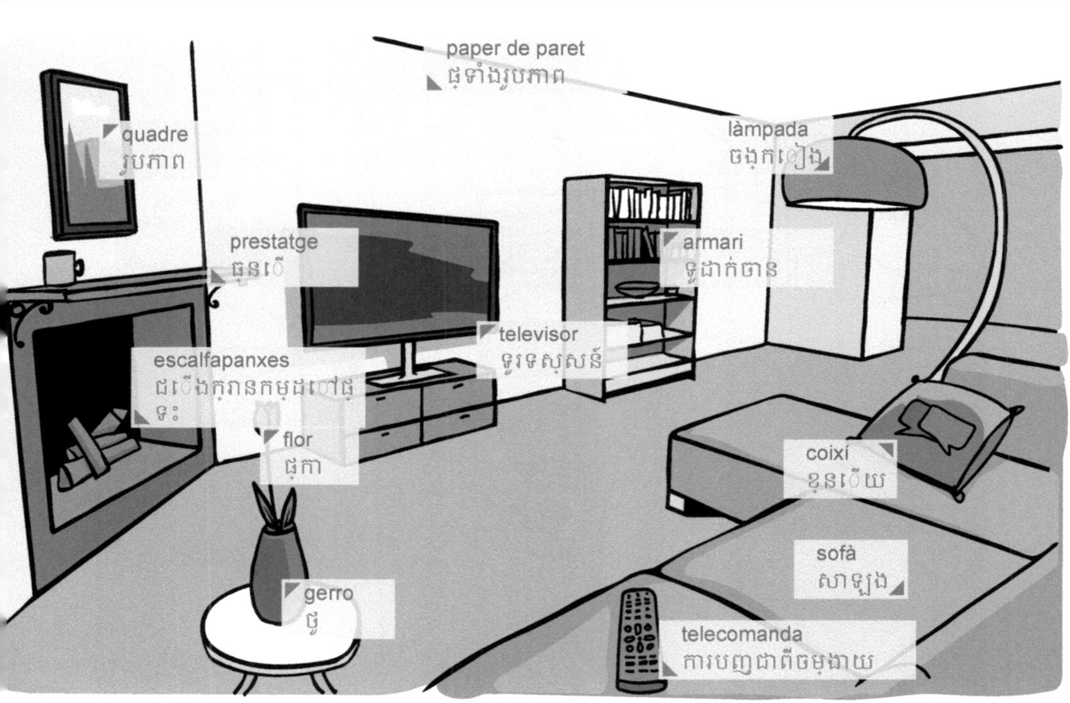

paper de paret
ផ្ទាំងរូបភាព

quadre
រូបភាព

làmpada
ចង្កៀង

prestatge
ធ្នើ

armari
ទូជាក់បាន

escalfapanxes
ជើងក្រានកម្ដៅពៅផ្ទះ

televisor
ទូរទស្សន៍

flor
ផ្កា

coixí
ខ្នើយ

sofà
សាឡុង

gerro
ថូ

telecomanda
ការបញ្ជាពីចម្ងាយ

catifa
កម្រាលព្រំ

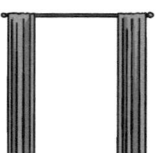

cortina
វាំងនន

taula
តុ

cadira
កៅអី

cadira gronxadora
កៅអីប៉ាក់ប៉ើក

cadiral
កៅអីភ្នាក់ដៃ

llibre

សៀវភៅ

llençol

ភួយ

decoració

ការតុបតែង

llenya

អុសដុត

film

ខ្សែភាពយន្ត

cadena de música

ឧបករណ៍ Hi-Fi

clau

កូនសោ

diari

កាសែត

pintura

គំនូរ

cartell

ផ្ទាំងរូបភាព

ràdio

វិទ្យុ

bloc de notes

ណូតផ្គេ

aspiradora

ម៉ាស៊ីនបូមធូលី

cactus

ដើបងាយកុស

candela

ទៀន

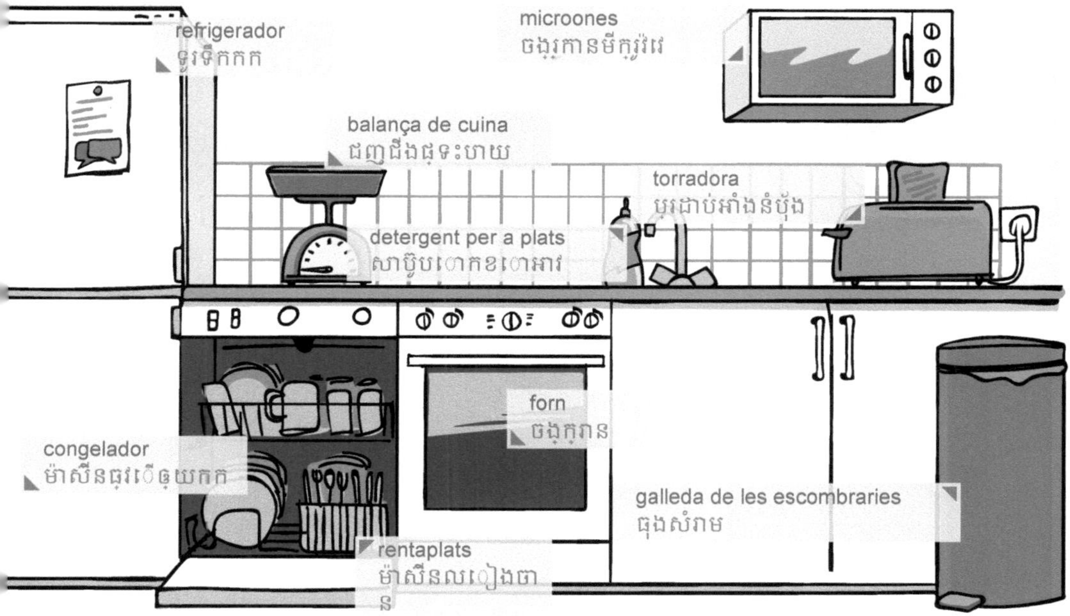

refrigerador
ទូទឹកកក

microones
ចង្ក្រានមីក្រូវ៉េវ

balança de cuina
ជញ្ជីងផ្ទះបាយ

torradora
ម៉ាស៊ីនអាំងនំបុ័ង

detergent per a plats
សាប៊ូបោកខោអាវ

congelador
ម៉ាស៊ីនធ្វើទឹកកក

forn
ចង្ក្រាន

galleda de les escombraries
ធុងសំរាម

rentaplats
ម៉ាស៊ីនលេងចាន

cuina de fogons

ចង្ក្រាន

olla

ឆ្នាំង

olla de ferro colat

ឆ្នាំងដែក

wok / karahi

ខ្ទះ / ខ្ទះគណ្ឌា

paella

ខ្ទះ

bullidor

កំសៀវ

olla de vapor

ឆ្នាំងចំហុយ

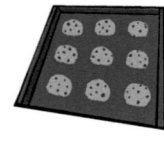

plata de forn

ថាសដុតនំ

vaixella

គ្រឿងចានឆ្នាំងដើ

tassa grossa

ថ្វ

bol

ចានគពោម

bastonets xinesos

ចង្កឹះ

culler

វែកសមុល

espàtula

វែកក្រ

batedor

ប្រដាប់វាយក្រុឡ្យក

colador

តម្រង

sedàs

កន្ត្រង

ratllador

ប្រដាប់កពោសដួង

morter

ត្បាល់

barbacoa

ការអាំងសាច់

foc a terra

ចង្ក្រានចំហ

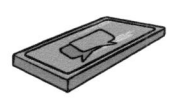

taula de tallar

ដបរញ្ញ

corró

បុរដាប់កិនម្ទេ

llevataps

បុរដាប់ម្ទេរបេើកឆ្នុកសុរា

pot de conserva

កំប៉ុង

obridor

បុរដាប់បេើកកំប៉ុង

agafador

កុរណាត់ទ្ប់ប់ឆ្នាំង

aigüera

កន្ទ្បលដែលាងចាន

raspall

ជក់

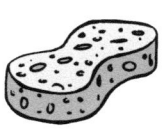

esponja

អេប៉ុង

batedora

ម៉ាស៊ីនកូរទ្ប'ក

congelador

ទូទ្បឹកកកខ្ធាតគ្ធច

biberó

ដបទ្បឹកដោះគោ

aixeta

រ៉ូប៊ីណេ

បន្ទប់ទឹក

calefacció
កម្ដៅទៅ

dutxa
ផ្កាឈូក

tovallola
កន្សែង

cortina de dutxa
វាំងននងួតទឹកផ្កាឈូក

bany de bombolles
ការងូតទឹកពពុះ

banyera
អាងងូតទឹក

got
កវែ

rentadora
ម៉ាស៊ីនបោកគក់

aixeta
រ៉ូប៊ីណេ

rajoles
កូឡ្បាក្បបឿង

orinal
ចានបង្គន់

aigüera
កន្លែងលាងចាន

lavabo	lavabo turc	bidet
បង្គន់	បង្គន់អង្គុយ	ផ្លេងជម្រះកាយ
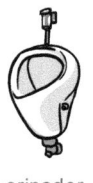		
orinador	paper higiènic	escombreta de sanitari
កុលាទឹកនោម	កូដាសបង្គន់	ច្រាសដុសបង្គន់ន

raspall de derts

ច្រាសដុសធ្មេញ

pasta de dents

ថ្នាំដុសធ្មេញ

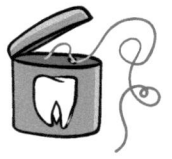

fil dental

ខ្សែទៅក់សម្អាតធ្មេញ

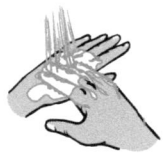

rentar

លាង

pom de dutxa

បូរដោបដាក់ដផ្កាឈូក

dutxa íntima

ទឹកថ្នាំសម្រាប់ហាញ់លាង

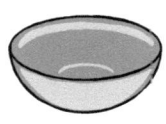

rentamans

អាង

raspall per a l'esquena

ច្រាសដុសខ្នង

sabó

សាប៊ូ

gel de dutxa

ជែលសម្រាប់ងូតទឹកផ្កាឈូ
ក

xampú

សាប៊ូ

manyopla de bany

សកុលាត

bonera

បំពង់បង្ហូរទឹក

crema

ក្រែម

desodorant

ថ្នាំបំបាត់កុលិ៍នអាក្រក់

mirall

កញ្ចក់

mirall-espill de mà

កញ្ចក់ដៃ

maquineta de rasar

បរដោប់កោរ

espuma de barbejar

ហ្វូមកោរពុកមាត់

loció post-rasada

ទឹកលាងក្រោយកោរពុកមាត់រួច

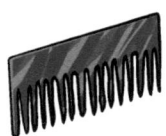

pinta

កុរស

raspall

ជក់

eixugador

បរដោប់សម្ងួតសក់

laca

សួពួយហាញ់សក់

maquillatge

ការតុបតែងមុខ

pintallavis

កុរមៃលាបមាត់

esmalt d'ungles

ថ្នាំលាបក្រចក

cotó

រោមកប្បាស

tallaungles

កន្ត្រៃកាត់ក្រចក

perfum

ទឹកអប់

estoig de bellesa

កាបូបបរ__កគតកំ

tamboret

លាមក

bàscula

ជញ្ជីងធ្ងន់លើងទម្ងន់

barnús

អាវពាក់ងូតទឹក

guants de goma

ស្រ__មដៃកៅ__ស៊ូ

compresa higiènica

ឆ្នុក

compresa

កន្សែងអនាម័យ

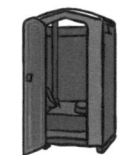

sanitari químic

បង្គន់គីមី

cambra de nen
បន្ទប់របស់កុមារ

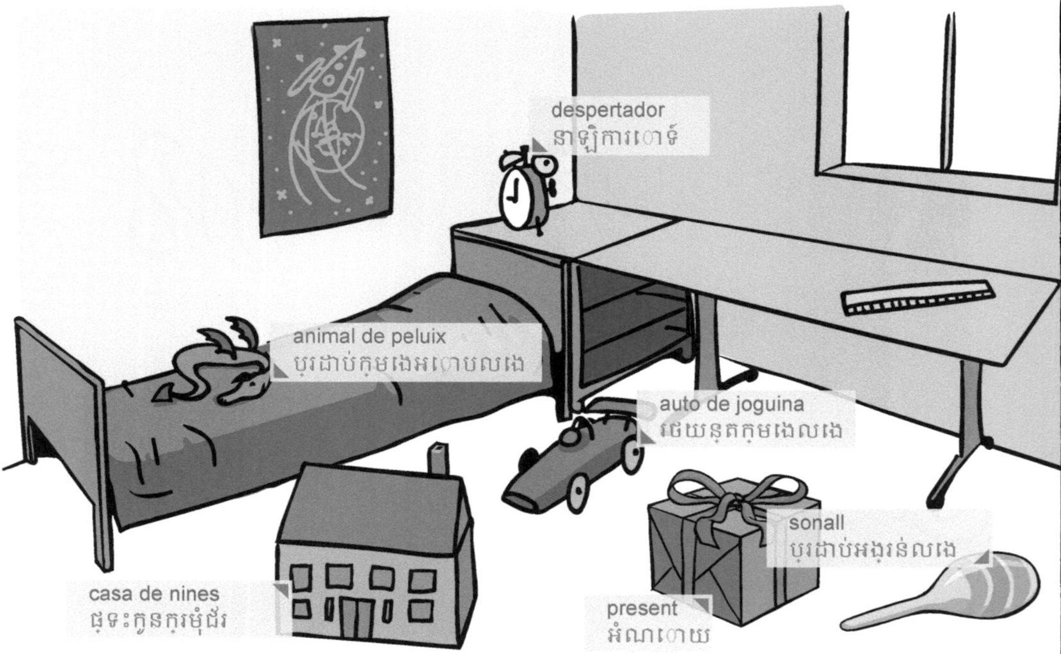
despertador
នាឡិការោទ៍
animal de peluix
ប្រដាប់ក្មេងអោបលេង
auto de joguina
រថយន្តក្មេងលេង
sonall
ប្រដាប់អង្រន់លេង
casa de nines
ផ្ទះកូនក្រមុំជ័រ
present
អំណោយ

baló
ប៉េងប៉ោង

llit
គ្រែ

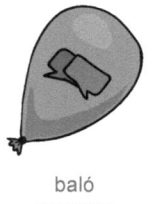

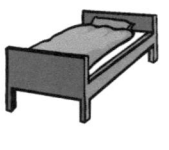

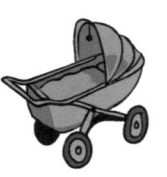

cotxet per a nens
រទេះរុញទារក

joc de cartes
ហ៊្វបៀ

trencaclosca
រូបផ្គុំ

SUPER MEGA

historieta
កំប្លែង

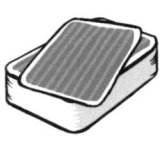

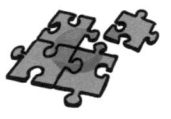

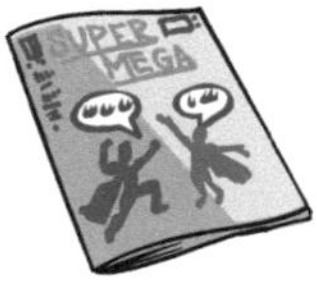

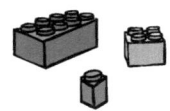

peces de lego
ព៌ដ្ឋ Lego

peces de construcció
ប៉ុលុកប៉ុដោប់ក្ុមង៉េលង៉េ

ninot d'acció
គ្ុលខេសកម្ុមភាព

granota
ខេៅអារ៉ទារក

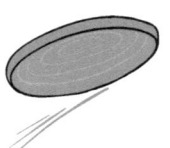

frisbee
ការគប់ថាស

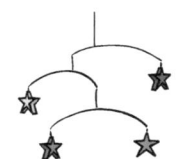

mòbil per a bressol
ទូរស័ព្ុទដៃ

joc de taula
ក្ុតារល្ុេបង៉េ

daus
គ្ុរាប់ឡ្ុុកឡ្ុាក់

tren elèctric
ឈុតរថភ្ុលេ៑ីងគ្ុរ

xumet
រ៉ុបស់ណាក

festa
គណាបក្ុស

llibre de dibuixos
សរ៉េៀវភៅរ៉ុបភាព

pilota
ហាល់

nina
ក្ុនក្ុម៉ុំគុក្ុកតា

jugar
ល៉េង

sorrera

រណ្ដៅទៅខ្សាច់

gronxador

ទទេង

joguines

ប្រដាប់ក្មេងលេង

consola de jocs de vídeo

កុងស៊ូលវីដេអ្នូហ្គតមេ

tricicle

កង់បីចក្រយានយន្ត

osset de peluix

តុក្កតាខ្លាឈ្មុំ

armari

ទូខោអាវ

mitjons

ស្រោមជើង

mitges

ស្រោមជើងវែង

mitja pantaló

ខោទ្រនាប់នារី

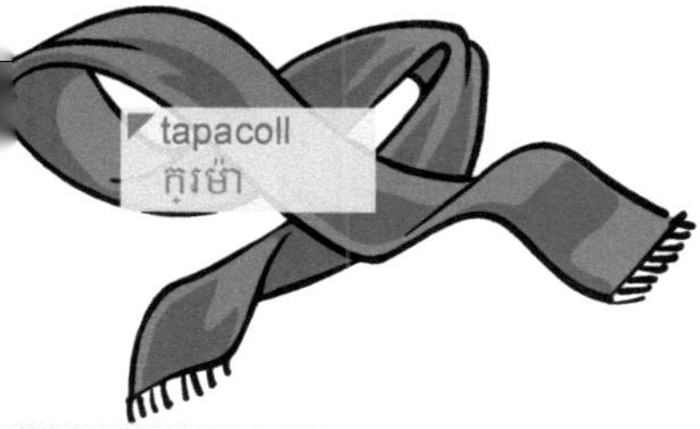

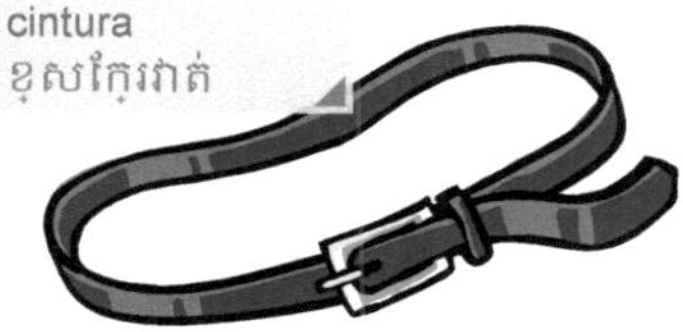

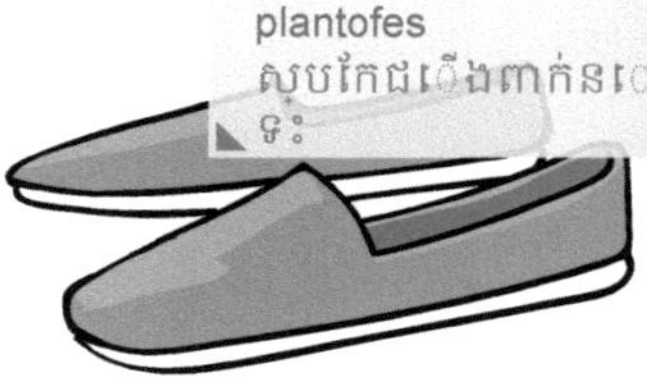

tapacoll
កុរម៉ា

paraigua
ឆត្រ

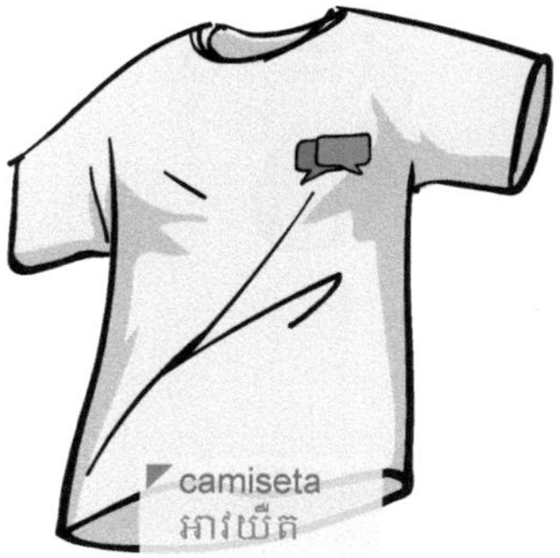

cintura
ខ្សែក្រវាត់

camiseta
អាវយឺត

botes
ស្បែកជេីងករវីង

sabates d'esport
ស្បែកជេីងប៉ាតា

plantofes
ស្បែកជេីងពាក់នៅផ្ទះ

---

sandàlies
ស្បែកជេីងសង្រែក

sabates
ស្បែកជេីង

botes de goma
ស្បែកជេីងករវែងកៅស្ង្យ

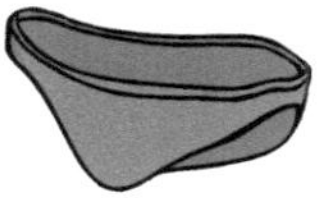

calçonets
ខោទ្រនាប់បុរស

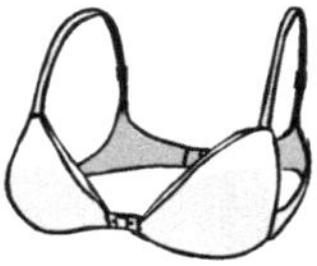

sostenidor
អាវទ្រនាប់

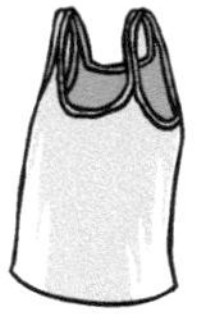

guardapits
អាវកាក់

roba - សម្មុល រៀកបំពាក់   45

jjustacòs

រាងកាយ

pantalons

ខោពារវែង

jeans

ខោខូវបិយ

faldeta

សំពត់

brusa

អាវកុរវៅ

camisa

អាវ

jersei

អាវយឺត

dessuadora

អាវយឺត

blazer

អាវធំ

jaqueta

អាវកុរវៅ

mantell

អាវធំ

impermeable

អាវភ្លៀងរៀង

vestit de dona

គុររៀងតវែង

vestit de dona

អាវរវែង

vestit de núvia

សំលរៀកបំពាក់អាពាហ៍ពិពា
ហ៍

vestit d'home

ខោអាវឈុត

camisa de dormir

រូបរាត្រី

pijama

ឈុតគេង

sari

សារី

mocador de cap

កន្សែងដែលជូតក្បាល

turbant

គ្មួត

burca

សុបម៉ៃខ

caftan

kaftan

abaia

abaya

vestit de bany

ឈុតហាលៃទឹក

calçon(et)s de bany

ខោខលី

pantalons curts

ខោខលី

xandall

ឈុតហាត់កីឡា

davantal

អាវអរៀម

guants

ស្រោមដៃ

botó

ឡ្បូវអារ

ulleres

វ៉ែនតា

braçalet

ខ្សដៃ

collaret

ខ្សកែ

anell

ចិញ្ចៀន

orellera

ក្រវិល

casquet

មួក

penjador

បុរដាប់ពួយអាវក្រុទៅ

capell

មួក

corbata

ក្រវាត់ក

cremallera

រូត

casc

មួកសុវត្ថិភាព

elàstics

ខ្សវ៉

uniforme escolar

ឯកសណ្ឋានសាលា

uniforme

ឯកសណ្ឋាន

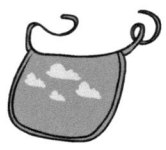

pitet

អៀមទារក

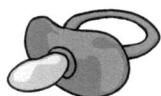

xumet

រូបសំណាក

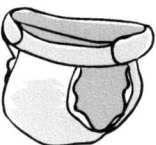

bolquer

ខោទឹកនោម

oficina
ការិយាល័យ

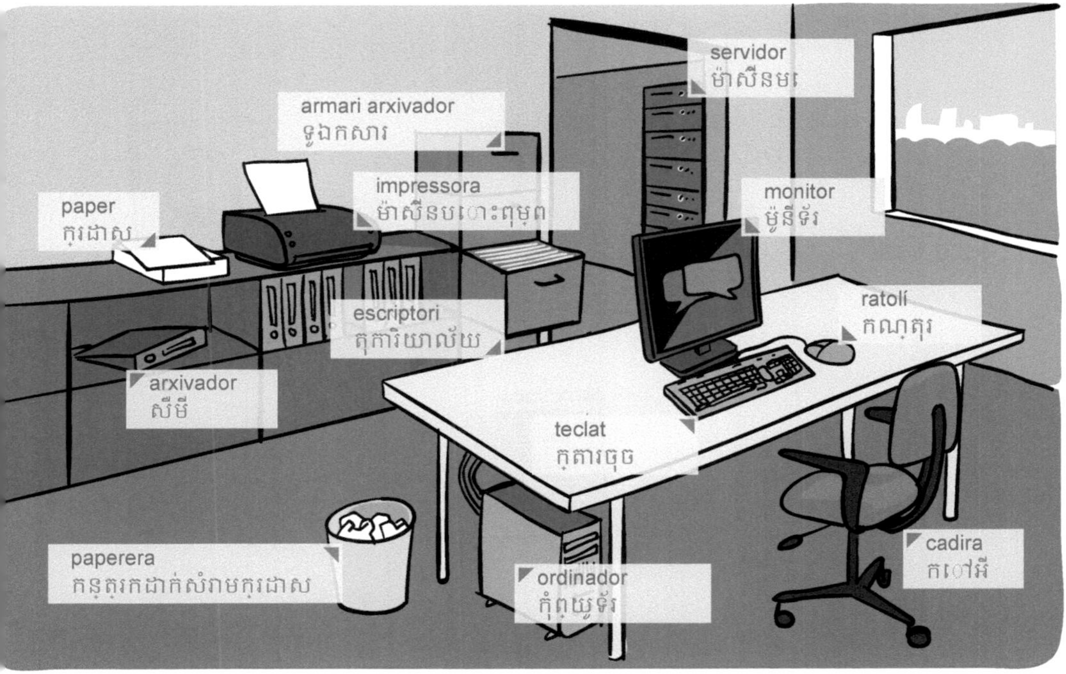

servidor
ម៉ាស៊ីនមេ
armari arxivador
ទូឯកសារ
impressora
ម៉ាស៊ីនបោះពុម្ព
paper
ក្រដាស
monitor
ម៉ូនីទ័រ
ratolí
កណ្ដុរ
escriptori
តុការិយាល័យ
arxivador
ស៊ីឌី
teclat
ក្ដារចុច
paperera
កន្ត្រកដាក់សំរាមក្រដាស
cadira
កៅអី
ordinador
កុំព្យូទ័រ

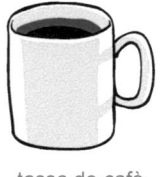

tassa de cafè

កែវកាហ្វេ

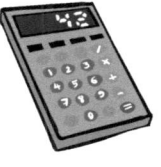

calculadora

ម៉ាស៊ីនគិតលេខ

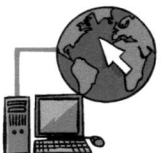

Internet

អ៊ីនធឺណិត

ordinador portàtil

កុំព្យូទ័រយួរដៃ

lletra

លិខិត

missatge

សារ

mòbil

ទូរស័ព្ទដៃ

xarxa

បណ្ដាញ

fotocopiadora

ម៉ាស៊ីនថតចម្លង

programari

សូហ្វវែរ

telèfon

ទូរស័ព្ទ

presa de corrent

នុចជដោត

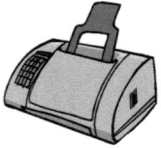

fax

ម៉ាស៊ីនទូរសារ

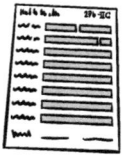

formulari

ទម្រង់បែបបទ

document

ឯកសារ

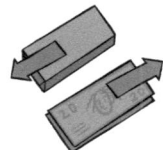

comprar

ទិញ

pagar

បង់ប្រាក់

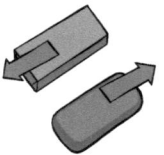

comerciar

ធ្វើជំនួញ

diners

លុយ

dòlar

ប្រាក់ដុល្លារ

euro

ប្រាក់អឺរ៉ូ

ien

ប្រាក់យ៉េន

ruble

ប្រាក់រូបិល

franc suís

ហ្រ្វង់ស្វីស

renminbi

ប្រាក់យ៉ាន

rupia

ប្រាក់រូពី

caixa automàtica

កន្លែងប្រេសាច់ប្រាក់

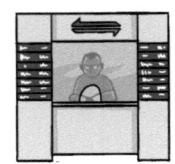

oficina de canvi
ការិយាល័យប្តូរប្រាក់

or
មាស

argent
ប្រាក់

petroli
ប្រេង

energia
ថាមពល

preu
តម្លៃ

contracte
កិច្ចសន្យា

impost
ពន្ធ

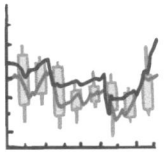

acció
ភាគហ៊ុន

treballar
ធ្វើការ

treballador
បុគ្គលិក

empresari
និយោជក

fàbrica
រោងចក្រ

botiga
ហាង

oficial de policia
មនុត្រីប៉ូលិស

bomber
អ្នកពន្លត់អគ្គិភ័យ

cuiner
ចុងភៅ

doctora
វេជ្ជបណ្ឌិត

pilot
អ្នកបើកយន្តហោះ

jardiner

អ្នកថែស្វន

fuster

ជាងឈើ

costurera

ជាងកាត់ដេរ

jutge

ចៅក្រម

química

គីមីវិទ្យ

actor

តួកុន

conductor d'autobús

អ្នកបើកឡ្បានក្រុង

taxista

អ្នកបើកតាក់ស៊ី

pescador

អ្នកនេសាទ

dona de la neteja

ស្ត្រីអ្នកសមុអាត

ensostrador

ជាងដំបូល

cambrer

អ្នករត់តុ

caçador

អ្នកបរបាញ់សត្វ

pintor

វិចិត្រករ

forner

អ្នកដុតនំ

electricista

ជាងអគ្គិសនី

obrer de la construcció

ជាងសំណង់

enginyer

វិស្វករ

carnisser

អ្នកកាប់សាច់

llanterner

ជាងជួសជុលទុយោរទឹក

correu

អ្នករត់សំបុត្រ

soldat

ទាហាន

arquitecte

ស្ថាបត្យករ

caixera

បេឡា

florista

អ្នកលក់ផ្កា

perruquer

អ្នកអ៊ុតសក់

revisor

អ្នកយកលុយ

mecànic

ជាងម៉ាស៊ីន

capità

កាព៌ទៃ្យ

dentista

ពេទ្យធ្មេញ

científic

អ្នកវិទ្យាសាស្ត្រ

rabí

គ្រូបង្រៀនច្បាប់សញ្ជាតិ
ជ៊ីហ្វ

imam

លោកសង្ឃយចាម

monjo

ព្រះសង្ឃយ

capellà

បព្វជិត

eines
ឧបករណ៍

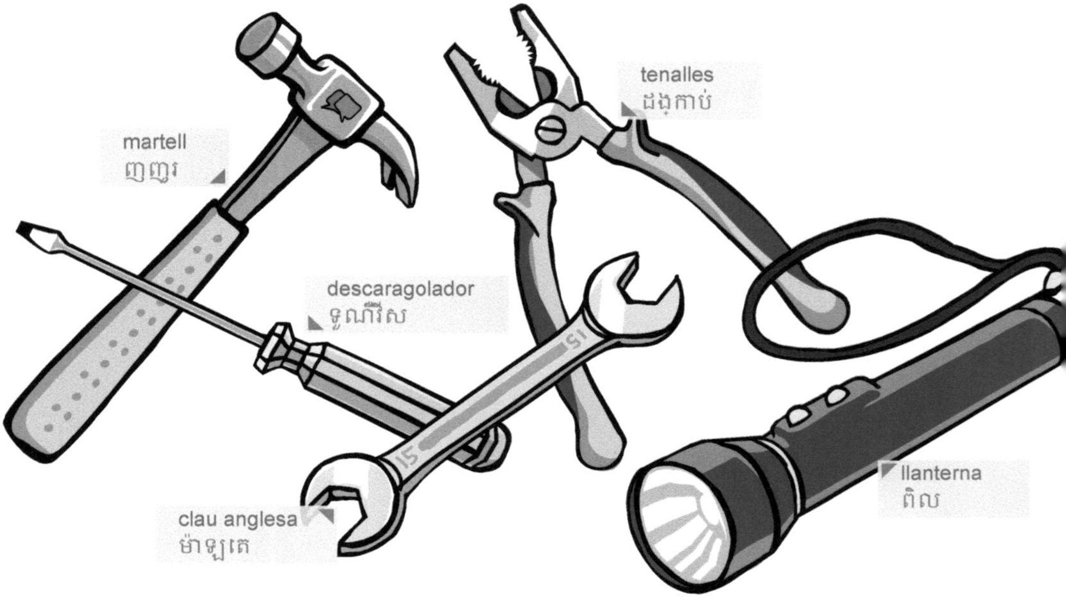

martell
ញញួរ
tenalles
ដង្កាប់
descaragolador
ទួណឺវីស
clau anglesa
ម៉ាឡេត
llanterna
ពិល

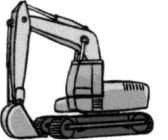

excavadora
ម៉ាស៊ីនជីក

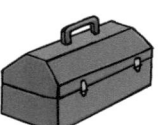

caixa d'eines
ប្រអប់ឧបករណ៍

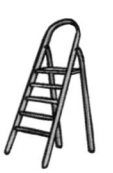

escala
ជណ្តើរ

serra
រណារ

claus
ដែកគោល

trepant
ប្រដាប់ស្វាន

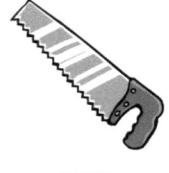

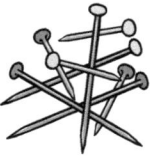

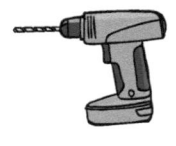

reparar

ជួសជុល

pala

ប៉ែល

Maleït siga!

ចង្រៃ!

pala

បុរដោបច្ចុកធូលី

pot de pintura

ធុងថ្នាំពណ៌

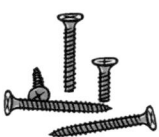

caragols

វីស

instrument de música
ឧបករណ៍តន្ត្រី

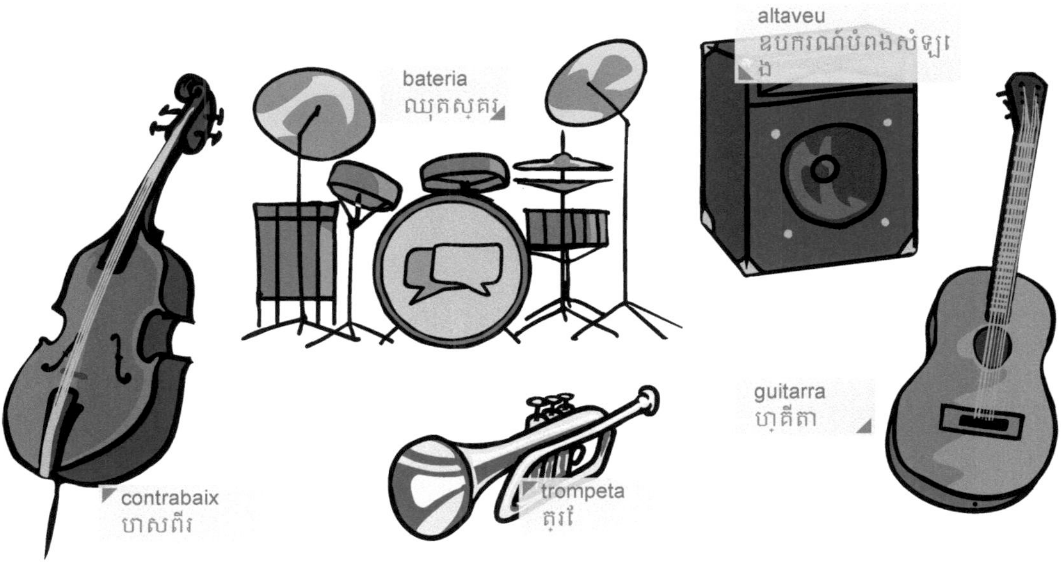

altaveu
ឧបករណ៍បំពងសំឡេង

bateria
ឈុតស្គរ

guitarra
ហ្គីតា

contrabaix
ហាសពីរ

trompeta
គ្រវ៉

piano

ពយាណូ

violí

វីយ៉ូឡុង

baix

ហាស

timbal

សូតរពោសសូបកែមុយ៉ាង

tambor

សូតរ

teclat

យឺបត

saxofon

សាក់សូហ្វូន

flauta

ខលុយ

micròfon

ម៉ឹក្រូហ្វូន

tigre
សត្វខ្លាឃ្មុំ

entrada
ចូរកចូល

gàbia
ទ្រុង

zebra
សេះបង្កង់

aliment per a animals
ការខ្ចិយចំណីសត្វ

ós panda
ខ្លាឃ្មុំផនដា

animals
សត្វ

elefant
សត្វដំរី

cangurú
សត្វកង់ហ្គារ

rinoceront
សត្វរមាស

goril·la
សត្វស្វាហ្គរីឡា

ós
ខ្លាឃ្មុំណភិតុនពោត

camell

សត្វអូដ្ឋ

estruç

សត្វអូទ្រីស

lleó

សត្វតោ

simi

ស្វា

flamenc

សត្វករៀល

papagai

សកែ

ós polar

ខ្លាឃ្មុំតំបន់ប៉ូល

pingüí

ផេនឃ្វីន

ca mari

ត្រីឆ្លាម

paó

ក្ងោក

serp

សត្វពស់

cocodril

ក្រពើ

guardià del zoo

អ្នក21រក្សាសួនសត្វ

foca

ឆ្មាទឹក

jaguar

ខ្លារខិនមុយ៉ាង

poni

កូនសេះ

lleopard

ខ្លារខិន

hipopòtam

សត្វដំរីទឹក

girafa

សត្វករវែង

àliga

ពន្ធុរី

senglar

ជ្រូក

peix

ត្រី

tortuga

អណ្តើកឈើ

morsa

លទោមមចបា

guineu

កញ្ជ្រូររោង

gasela

កុជាន់

futbol americà
កីឡាហាល់ទាត់អាមេរិក

ciclisme
ការបុរណ្តោងកង់

tenis
កីឡាថេនីស

bàsquet
កីឡាហាល់បោះ

natació
កីឡាហាលែទឹក

boxa
កីឡាបុរដាល់

hoquei sobre gel
កីឡាវាយកូនមាល់លើទឹ
កក

futbol americà	bàdminton	atletisme
កីឡាហាល់ទាត់	កីឡាវាយស៊ី	អត្តពលកម្ម
handbol	esquí	polo
កីឡាហាល់កាន់	ការជិះស្គី	ប៉ូឡូ

saltar
លោត

riure
សើច

abraçar
ឱប

anar
ដើរ

cantar
ច្រៀង

somiar
សុបិន្ត

pregar
អធិស្ឋាន

fer un petó
ថើប

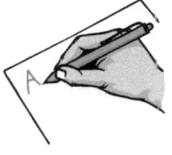

escriure
សរសេរ

dibuixar
គូរ

mostrar
បង្ហាញ

pitjar
រុញ

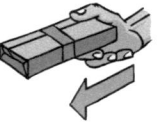

donar
ឲ្យ

prendre
យក

tenir

មាន

fer

ធ្វើរើ

ésser

គឺ

estar dret

ឈរ

córrer

រត់

estirar

ទាញ

llançar

បគ្រោះ

caure

ធ្លាក់

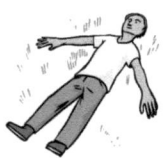

jeure

កុហាក

esperar

រង់ចាំ

portar

យួរ

asseure's

អង្គុយ

vestir-se

ស្លៀកពាក់

dormir

ដេក

despertar-se

ភ្ញាក់ឡើង

activitats - សកម្មភាពនានា

mirar

មើល

plorar

យំ

amoixar

តូសវាស

pentinar

សិតសក់

parlar

និយាយ

comprendre

យល់

demanar

សួរ

escoltar

ស្ដាប់

beure

ផឹក

menjar

បរិភោគ

endreçar

សម្អាត

estimar

ស្រលាញ់

cuinar

ចម្អិន

conduir

បើកបរ

volar

ហោះ

navegar

ចតែទូក

calcular

គណនា

llegir

អាន

aprendre

រៀន

treballar

ធ្វើការ

casar-se

រៀបការ

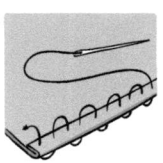

cosir

ដេរ

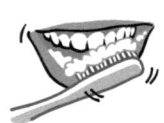

raspallar-se les dents

ដុសធ្មេញ

matar

សម្លាប់

fumar

ជក់

enviar

ផ្ញើរ

àvia
ជីដូន

avi
ជីតា

pare
ឪពុក

mare
មុតាយ

nadó
ទារក

filla
កូនស្រី

fill
កូនប្រុស

convidat

ភ្ញៀវ

tia

មីង

oncle

ពូ

germà

បងប្អូនប្រុស

germana

បងប្អូនស្រី

front
ថ្ងាស

ull
ភ្នែក

espatlla
ស្មា

dit
ម្រាមដៃ

cara
មុខ

barbeta
ចង្កា

mà
ដៃ

pit
សុដន់

cama
ជេីង

braç
ដៃ

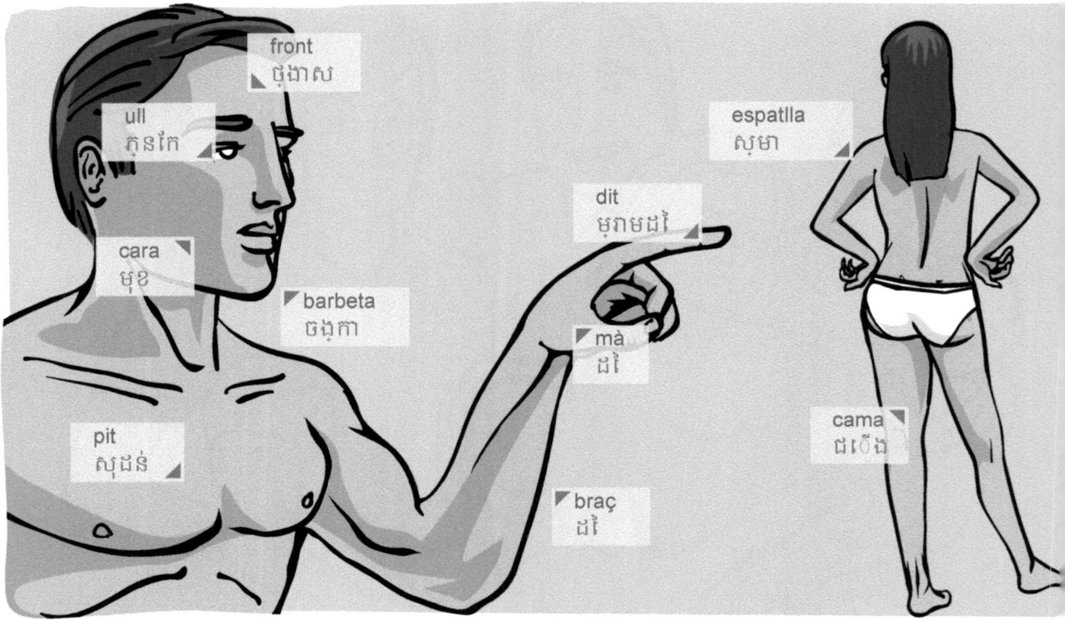

nadó
ទារក

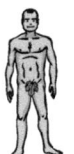

home
បុរស

dona
ស្ត្រី

noia
កុមារីស្រី

noi
កុមារបុរស

cap
ក្បាល

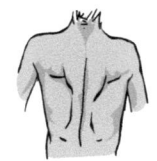

esquena

ខ្នង

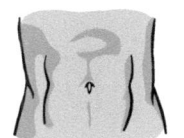

panxa

ព‌ះ

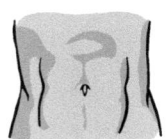

melic

ផ្ចិត

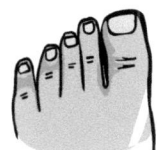

dit gros del peu

មេជើង

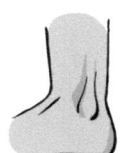

taló

កែជើង

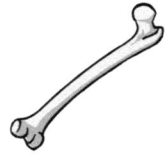

os

ឆ្អឹង

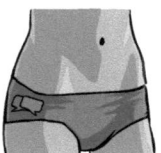

maluc

គូទ‌គោក

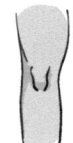

genoll

ជង្គង់

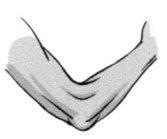

colze

កែ‌ដៃ

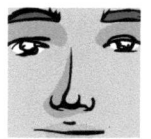

nas

ច្រមុះ

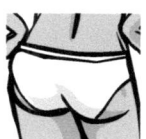

cul

គូទ

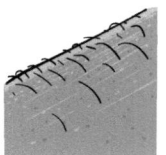

pell

ស្បែក

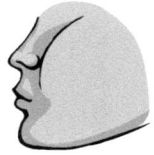

galta

ថ្ពាល់

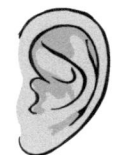

orella

ត្រចៀក

llavi

បបូរមាត់

boca

មាត់

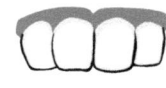

dent

ធ្មេញ

llengua

អណ្ដាត

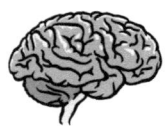

cervell

ខួរក្បាល

cor

បេះដូង

múscul

សាច់ដុំ

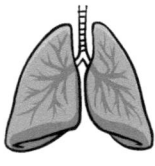

pulmó

សួត

fetge

ថ្លើម

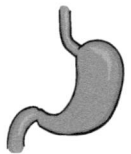

estómac

ក្រពះ

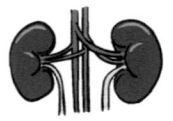

ronyó

តម្រងនោម

relació sexual

ការរួមភេទ

preservatiu

ស្រោមអនាម័យ

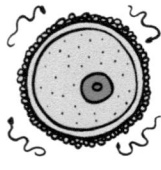

ovari

អូវុល

semen

ទឹកកាម

prenyat

ការមានផ្ទៃពោះ

cos - រាងកាយ

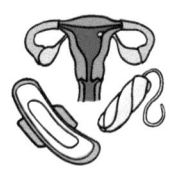

menstruació

មករដូវ

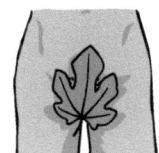

vagina

ទ្វារមាស

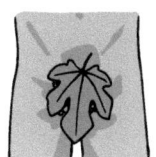

penis

លិង្គ

cella

ចិញ្ចើមភ្នែក

cabells

សក់

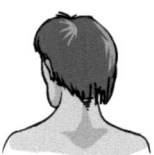

coll

ក

hospital
មន្ទីរពេទ្យ

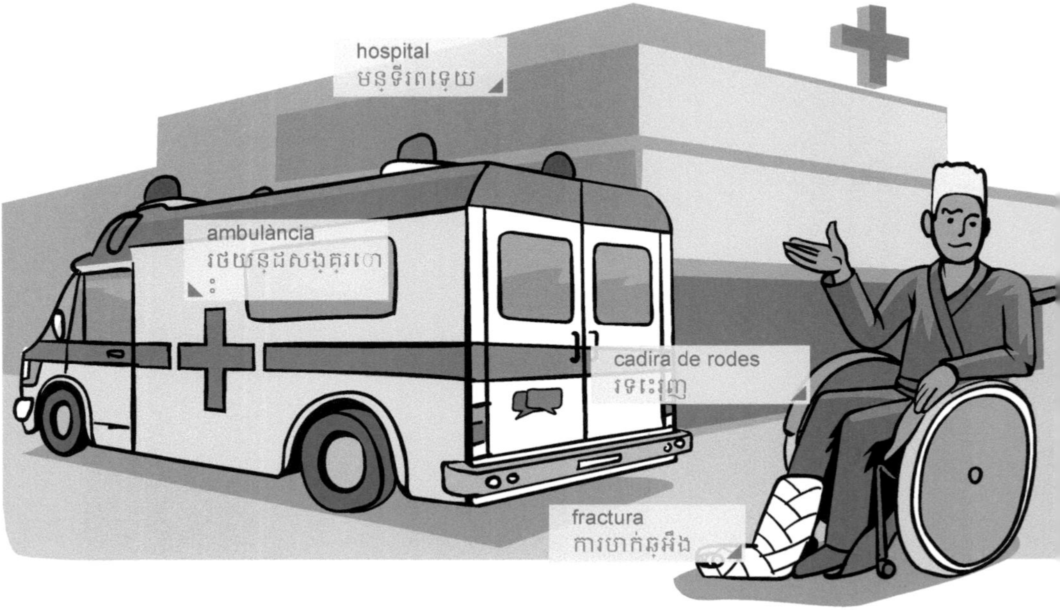

hospital
មន្ទីរពេទ្យ
ambulància
រថយន្តសង្គ្រោះ
cadira de rodes
រទេះរុញ
fractura
ការបាក់ឆ្អឹង

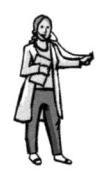

doctora
វេជ្ជបណ្ឌិត

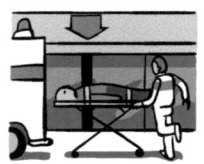

sala d'urgències
បន្ទប់សង្គ្រោះបន្ទាន់

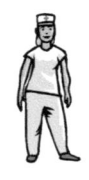

infermera
គិលានុបដ្ឋាយិកា

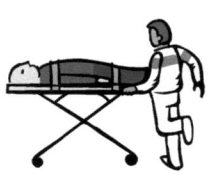

urgència
សង្គ្រោះបន្ទាន់

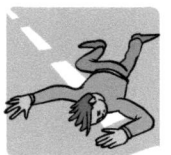

inconscient
សន្លប់

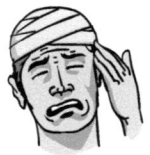

dolor
ការឈឺចាប់

ferida

ការរងរបួស

sagnament

ការហូរឈាម

atac de cor

គាំងបេះដូង

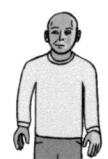

apoplexia

ជម្ងឺដាច់សរសៃឈាមក្នុងក្បាល

al·lèrgia

អាលែកហ្ស៊ី

tos

ក្អក

febre

ជំងឺគ្រុន

gripa

ជំងឺផ្តាសាយ

diarrea

ជំងឺរាគរូស

mal de cap

ឈឺក្បាល

càncer

ជំងឺមហារីក

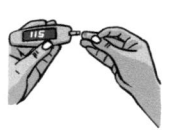

diabetis

ជំងឺទឹកនោមផ្អែម

cirurgià

គ្រូពេទ្យវះកាត់

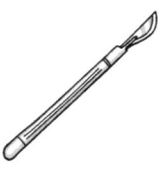

escalpel

កាំបិតវះកាត់

operació

ប្រតិបត្តិការ

tomografia computada (TC), TAC
....
CT

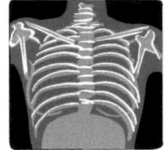

raigs x
....
កាំរស្មីអ៊ិច

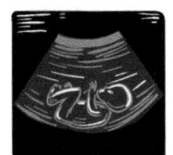

ultrasò
....
អ៊ុលត្រា

mascareta
....
របាំងមុខ

malaltia
....
ជំងឺ

sala d'espera
....
បន្ទប់រង់ចាំ

crossa
....
ឈើច្រត់

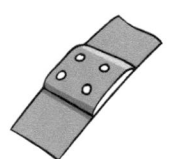

tireta
....
បង់រុំ

embenat
....
បង់រុំ

injecció
....
ការចាក់ថ្នាំ

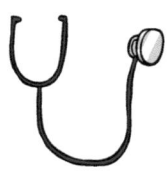

estetoscopi
....
ស្តេតូស្កូប

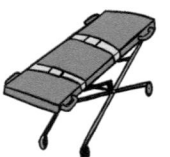

llitera
....
សូនដែលរុញ

termòmetre clínic
....
ទែម៉ូម៉ែត្រពេទ្យ

pariment
....
កំណើត

sobrepès
....
លើសទម្ងន់

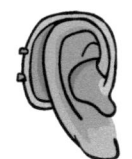

aparell auditiu

ឧបករណ៍ជំនួយការស្តាប់

desinfectant

សារធាតុសម្លាប់មេរោគ

infecció

ការឆ្លងមេរោគ

virus

មេរោគ

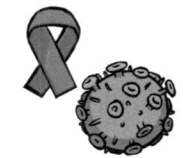

VIH / SIDA

មេរោគអេដស៍ / ជំងឺអេដស៍

medicina

ថ្នាំពទ្យ

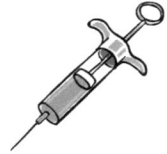

vaccí

ការចាក់ថ្នាំបង្ការ

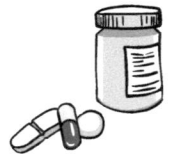

comprimits

ថបេលិត

píl·lola

ថ្នាំគ្រាប់

trucada d'urgència

ការហៅពេលអាសន្ន

tensiòmetre

ឧបករណ៍ពិនិត្យសម្ពាធ
ឈាម

malalt / sà

ឈឺ / មានសុខភាពល្អ

Socors!

ជំនួយ!

alarma

សំឡេងរោទ៍

assalt

ការវាយលុក

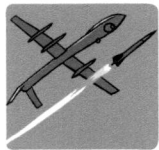

atac

ការវាយបុរហារ

perill

គ្រោះថ្នាក់

sortida-eixida d'urgència

ចរកចេញគ្រោអាសន្ន

Foc!

អគ្គីភ័យ!

extintor

បំពង់ពន្លត់អគ្គីភ័យ

accident

គ្រោះថ្នាក់

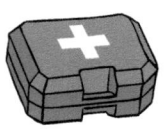

farmaciola de primers
auxilis

ឧបករណ៍ជំនួយបឋម

SOS

SOS

policia

ប៉ូលិស

Europa

អឺរុប

Amèrica del Nord

អាមរិកខាងជើង

Amèrica del Sud

អាមរិកខាងត្បូង

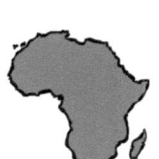

Àfrica

អាហ្វ្រិក

Àsia

អាស៊ី

Austràlia

អូស្ត្រាលី

Atlàntic

អាត្លង់ទិច

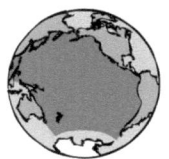

Pacífic

ប៉ាស៊ីហ្វិក

Oceà Índic

មហាសមុទ្រឥណ្ឌា

Oceà Antàrtic

មហាសមុទ្រអង់តាក់ទិច

Oceà Àrtic

មហាសមុទ្រអាកទិច

pol nord

ប៉ូលខាងជើង

pol sud

ប៉ូលខាងត្បូង

Antàrtida

អង់តាក់ទិក

terra

ផែនដី

país

ដីគោក

mar

សមុទ្រ

illa

កោះ

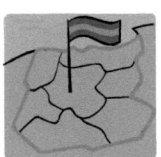

nació

បុរទេសជាតិ

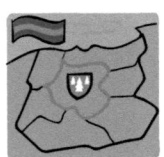

estat

រដ្ឋ

quadrant

មុខនាឡិកា

agulla de les hores

ទ្រនិចម៉ោង

agulla dels minuts

ទ្រនិចនាទី

agulla dels segons

ទ្រនិចវិនាទី

Quina hora és?

ម៉ោងប៉ុន្មាន?

dia

ថ្ងៃ

temps

ពេលវេលា

ara

ឥឡូវនេះ

rellotge digital

នាឡិកាឌីជីថល

minut

នាទី

hora

ម៉ោង

dilluns
ថ្ងៃច័ន្ទ

dimecres
ថ្ងៃពុធ

divendres
ថ្ងៃសុក្រ

dimarts
ថ្ងៃអង្គារ

dissabte
ថ្ងៃសៅរ៍

dijous
ថ្ងៃព្រហស្បតិ៍

diumenge
ថ្ងៃអាទិត្យ

ahir
មុសិលមិញ

avui
ថ្ងៃនេះ

demà
ថ្ងៃស្អែកតែ

matí
ព្រឹក

migdia
ថ្ងៃត្រង់

tarda
ល្ងាច

dia feiner
ថ្ងៃធ្វើការ

cap de setmana
ចុងសប្តាហ៍

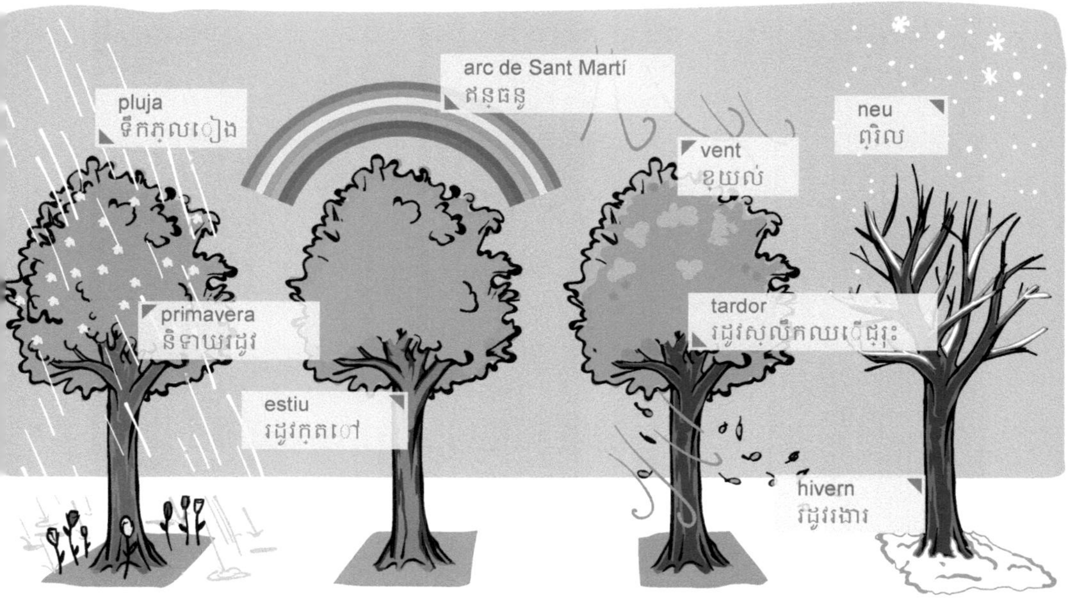

pluja
ទឹកភ្លៀង
arc de Sant Martí
ឥន្ទធនូ
neu
ព្រិល
vent
ខ្យល់
primavera
និទាឃរដូវ
tardor
រដូវស្លឹកឈើជ្រុះ
estiu
រដូវក្តៅ
hivern
រដូវរងារ

4.APRIL 11°
5.APRIL 4°
6.APRIL 13°
7.APRIL 8°
8.APRIL 10°

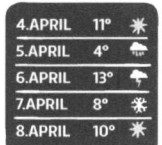

pronòstic del temps
ការព្យាករណ៍អាកាសធាតុ

F C
120 40
90 30
60 20
30 10
0 0
-30 -10
-20

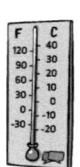

termòmetre
ទែម៉ូម៉ែត្រ

llum del sol
ពន្លឺថ្ងៃ

núvol
ពពក

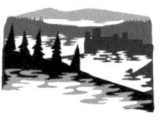

boira
អ័ព្ទ

humiditat de l'aire
សំណើម

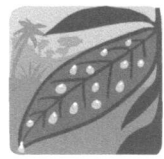

llamp

រន្ទះ

tro

ផ្គរ

tempesta

ព្យុះ

calamarsa

ព្រិល

monsó

ខ្យល់មូសុង

inundació

ទឹកជំនន់

gel

ទឹកកក

gener

ខែមករា

febrer

ខែកុម្ភៈ

març

ខែមីនា

abril

ខែមេសា

maig

ខែឧសភា

juny

ខែមិថុនា

juliol

ខែកក្កដា

agost

ខែសីហា

82   any - ឆ្នាំ

setembre

ខែកញ្ញា

octubre

ខែតុលា

novembre

ខែវិច្ឆិកា

desembre

ខែធ្នូ

cercle

រង្វង់

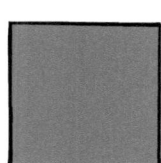

quadrat

ការ៉េ

rectangle

ចតុកោណកែង

triangle

ត្រីកោណ

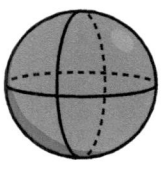

esfera

ស្វ៊ែរ

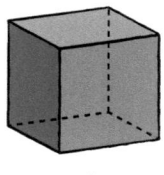

cub

គូប

blanc

ពណ៌ស

groc

ពណ៌លឿង

taronja

ពណ៌ទឹកក្រូច

rosa

ពណ៌ផ្កាឈូក

vermell

ពណ៌ក្រហម

lila

ពណ៌ស្វាយ

blau

ពណ៌ខៀវ

verd

ពណ៌បៃតង

marró

ពណ៌ទឹកក្រូច

gris

ពណ៌ប្រផេះ

negre

ពណ៌ខ្មៅ

molt / poc

ច្រើន / តិចតួច

emprenyat / tranquil

ខឹង / គួរជាក់ចិត្ត

bonic / lleig

សុរស់សុអាត / អាក្រក់

començament / fi

ចាប់ផ្តេីម / បញ្ចប់

gran / petit

ធំ / តូច

clar / fosc

ភ្លឺ / ងងឹត

germà / germana

បងប្អូនប្រុស / បងប្អូនស្រី

net / brut

សុអាត / កខ្វរក់

complet / incomplet

ពេញលេញ / មិនពេញលេញ

dia / nit

ថ្ងៃ / យប់

mort / viu

ស្លាប់ / នៅរស់

ample / estret

ធំទូលាយ / តូចចង្អៀត

comestible / immenjable

អាចបរិភោគបាន /
មិនអាចបរិភោគបាន

dolent / amable

ចិត្តអាក្រក់ / ចិត្តល្អ

entusiasmat / entediat

ការរំភើប / អផ្សុក

gros / prim

ធាត់ / ស្គម

primer / darrer

ដំបូង / ចុងក្រោយ

amic / enemic

មិត្តភក្តិ / សត្រូវ

ple / buit

ពេញ / ទទេ

dur / tou

រឹង / ទន់

pesant / lleuger

ធ្ងន់ / ស្រាល

gana / set

ភាពឃ្លានឃ្លាន /
ការស្រេកឃ្លាន

malalt / sà

ឈឺ / មានសុខភាពល្អ

il·legal / legal

ខុសច្បាប់ / ត្រូវច្បាប់

intel·ligent / ximple

ឆ្លាតវៃ / ឆ្កួត

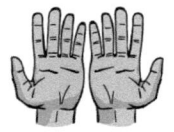

esquerra / dreta

ឆ្វេង / ស្តាំ

prop / llunyà

ជិត / ឆ្ងាយ

nou / usat

ថ្មី / មានបុរេ

res / quelcom

គ្មានអ្វីសោះ / អ្វីមួយ

vell / jove

ចាស់ / ក្មេង

encès / apaçat

បើក / បិទ

obert / tancat

បើក / បិទ

silenciós / sorollós

សុងប់សុងាត់ / ពុខ្លលាំង

ric / pobre

មាន / ក្រ

correcte / incorrecte

ត្រូវ / ខុស

aspre / suau

គ្រើម / រលោង

trist / content

ពិហាកចិត្ត / សប្បាយចិត្ត

curt / llarg

ខ្លី / វែង

lent / ràpid

យឺត / លឿន

humit / sec - eixut

សើម / ស្ងួត

calent / fred

ក្តៅ / ត្រជាក់

guerra / pau

សង្គ្រាម / សន្តិភាព

0

zero

ស៊ុន្យ

1

u

មួយ

2

dos

ពីរ

3

tres

បី

4

quatre

បួន

5

cinc

ប្រាំ

6

sis

ប្រាំមួយ

7

set

ប្រាំពីរ

8

vuit

ប្រាំបី

9

nou

ប្រាំបួន

10

deu

ដប់

11

onze

ដប់មួយ

12

dotze

ដប់ពីរ

13

tretze

ដប់បី

14

catorze

ដប់បួន

15

quinze

ដប់ប្រាំ

16

setze

ដប់ប្រាំមួយ

17

disset

ដប់ប្រាំពីរ

18

divuit

ដប់ប្រាំបី

19

dinou

ដប់ប្រាំបួន

20

vint

ម្ភៃ

100

cent

រយ

1.000

mil

ពាន់

1.000.000

milió

លាន

anglès

អង់គ្លេស

anglès americà

អង់គ្លេសអាមេរិក

xinès mandarí

ចិនកុកងឺ

hindi

ហិណ្ឌូ

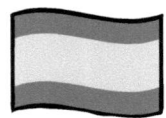

espanyol

អេស្ប៉ាញ

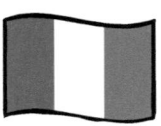

francès

ហ្វាំង

àrab

អារ៉ាប់

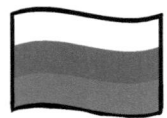

rus

រុស្សី

portuguès

ព័រទុយហ្គាល់

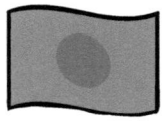

bengalí

បង់ក្លាដេស

alemany

អាល្លឺម៉ង់

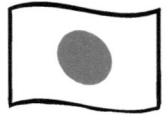

japonès

ជប៉ុន

jo
ខ្ញុំ

tu
អ្នក

♂ ♀ ○

ell / ella / allò
គាត់ / នាង / វា

nosaltres
យេីង

vosaltres
អ្នក

ells
ពួកគេហាន

qui?
នរណា?

què?
អ្វី?

com?
របៀបណា?

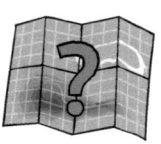

on?
កន្លែងណា?

quan?
ពេលណា?

HELLO, I AM

nom
ឈ្មោះ

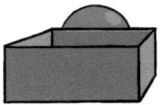

darrere

ពីក្រោយ

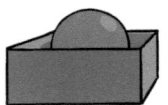

en

ក្នុង

davant de

ពីមុខ

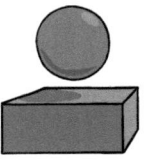

damunt

ពីលើ

sobre

នៅលើ

sota

នៅក្រោម

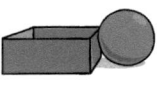

al costat

នៅក្បែរ

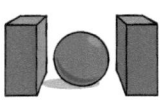

entre

រវាង

lloc

កន្លែង